QUESTO LIBRO APPARTIENE A

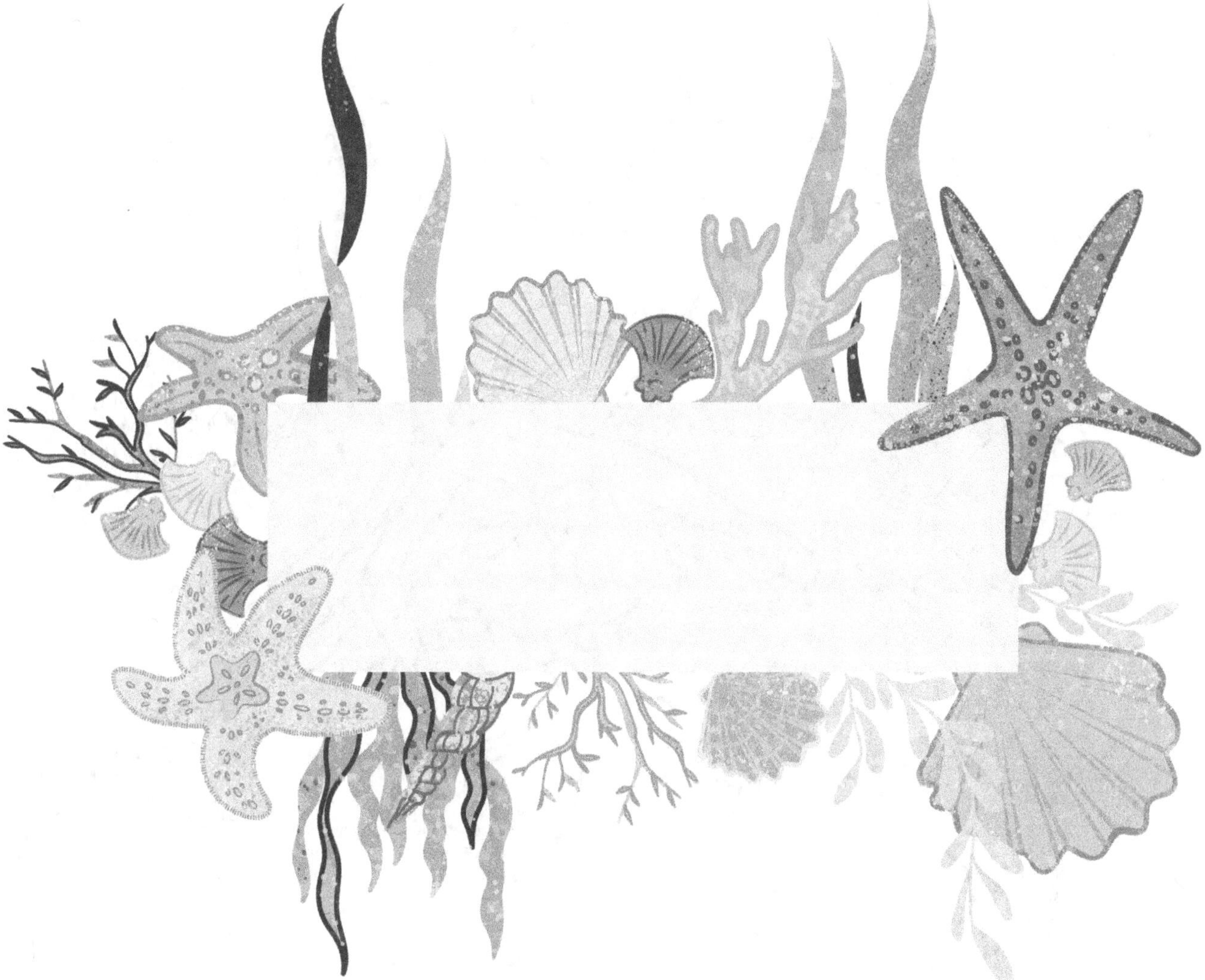

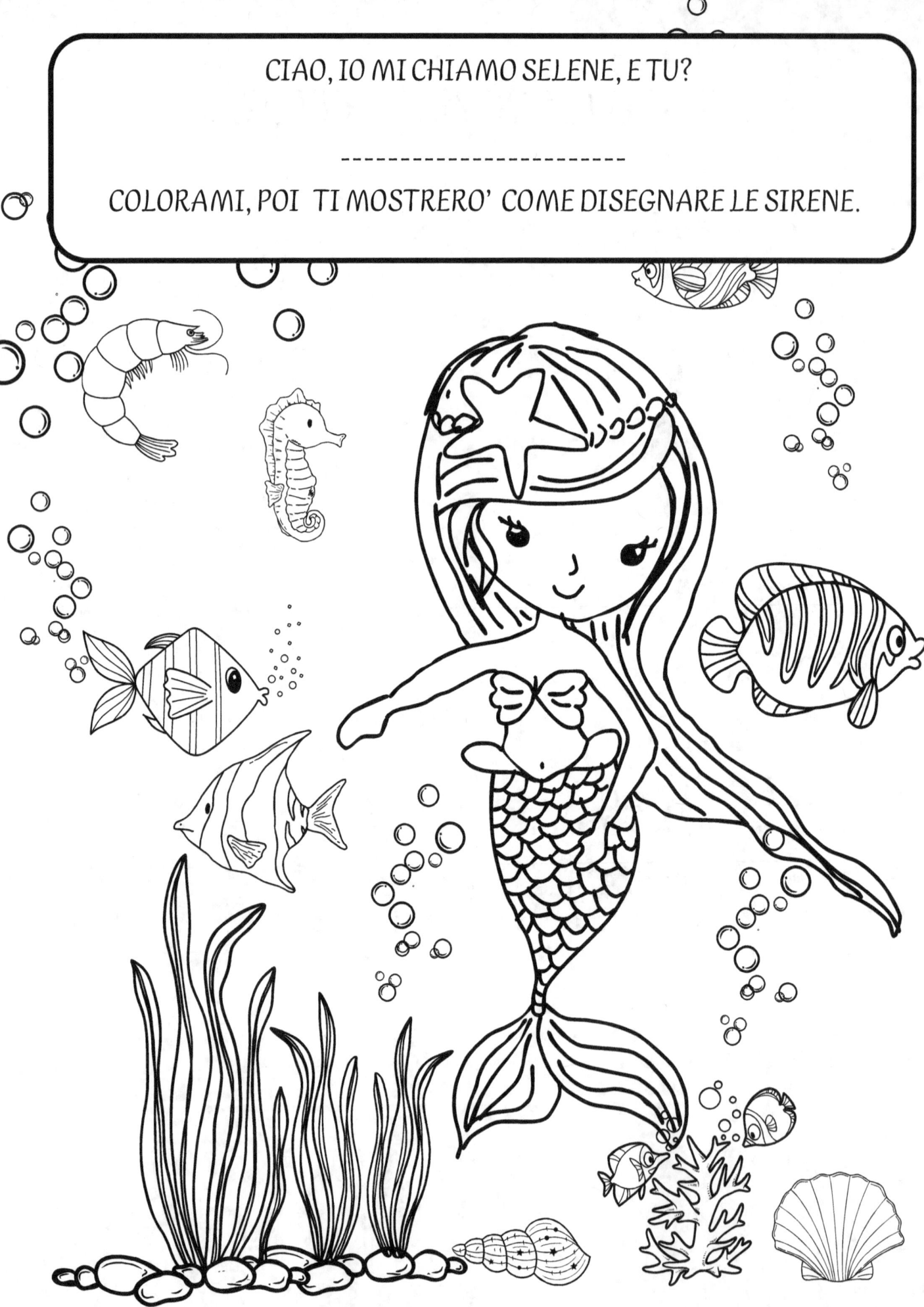

INIZIAMO !!!
SEGUIMI PASSO PASSO E FAI TUTTE LE PROVE CHE TI SERVONO, FINCHE' NON SARAI SODDISFATTO.
NON SCORAGGIARTI MAI!
RICORDA, DISEGNARE VUOL DIRE CREARE E CREARE E' MAGIA.
I TUOI DISEGNI SARANNO SEMPRE UNICI E SPECIALI.
ED ORA DIVERTITI.

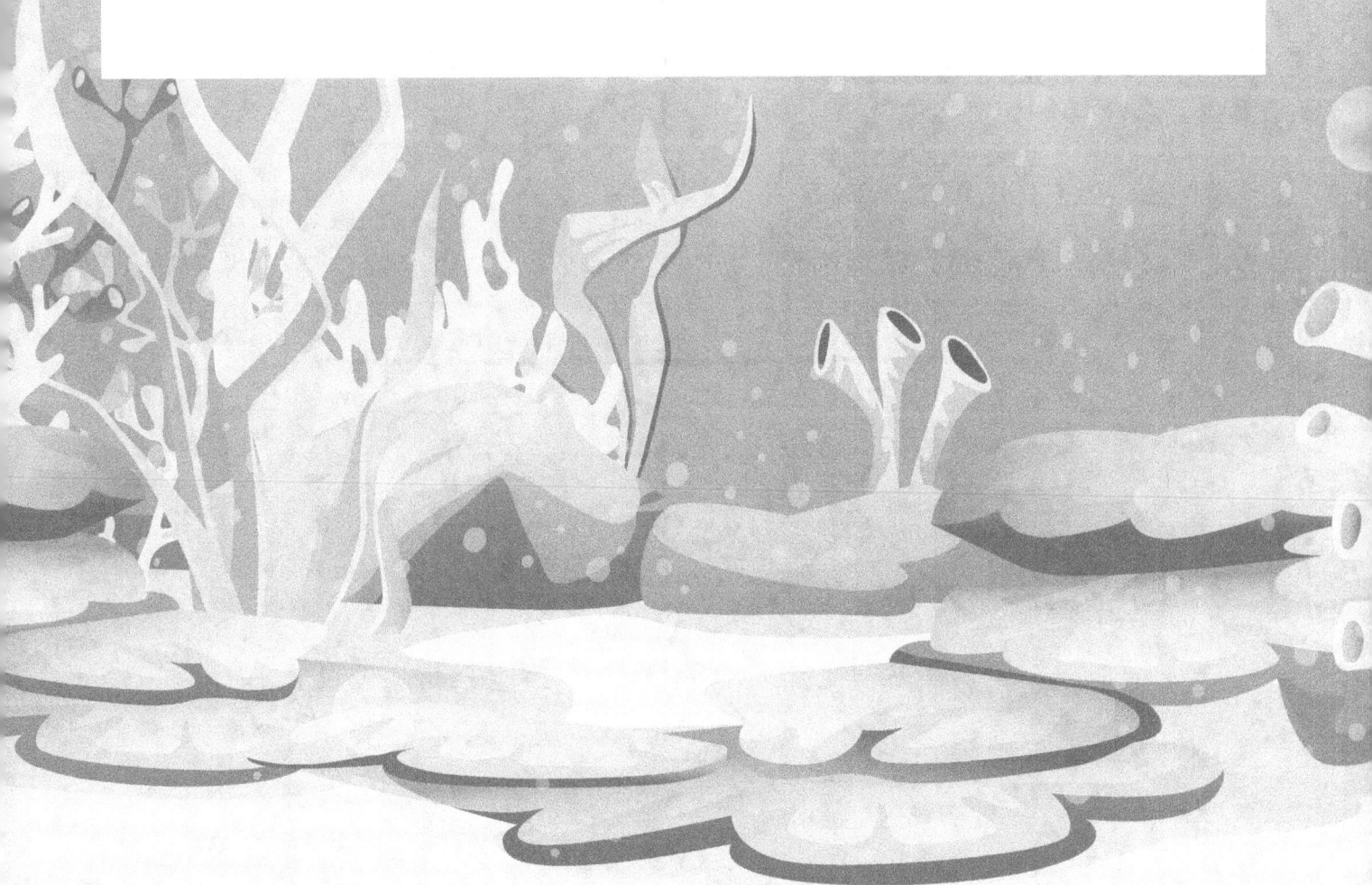

VOLTO

PER CREARE IL VOLTO DELLA SIRENETTA, INIZIA DISEGNANDO UN CERCHIO, MA NON PREOCCUPARTI SE NON È PERFETTO. PENSA POI A IMMAGINARE O DISEGNARE CON UNA MATITA LEGGERA DUE LINEE CHE SI INCROCIANO: UNA VERTICALE E UNA ORIZZONTALE, PROPRIO NEL CENTRO DEL VISO. SOTTO, TRACCIA ALTRE TRE LINEE, DI SOLITO DISTANZIATE UGUALMENTE L'UNA DALL'ALTRA. QUI ANDRANNO GLI OCCHI, IL NASO E INFINE LA BOCCA. QUESTO SEMPLICE TRUCCO TI AIUTERÀ A TROVARE LE POSIZIONI CORRETTE, ANCHE QUANDO I VOLTI NON SONO ESATTAMENTE DI FRONTE A TE. PENSA A QUESTO COME A UNA GUIDA PER INIZIARE A DARE VITA AI VOLTI DELLE TUE SIRENETTE!

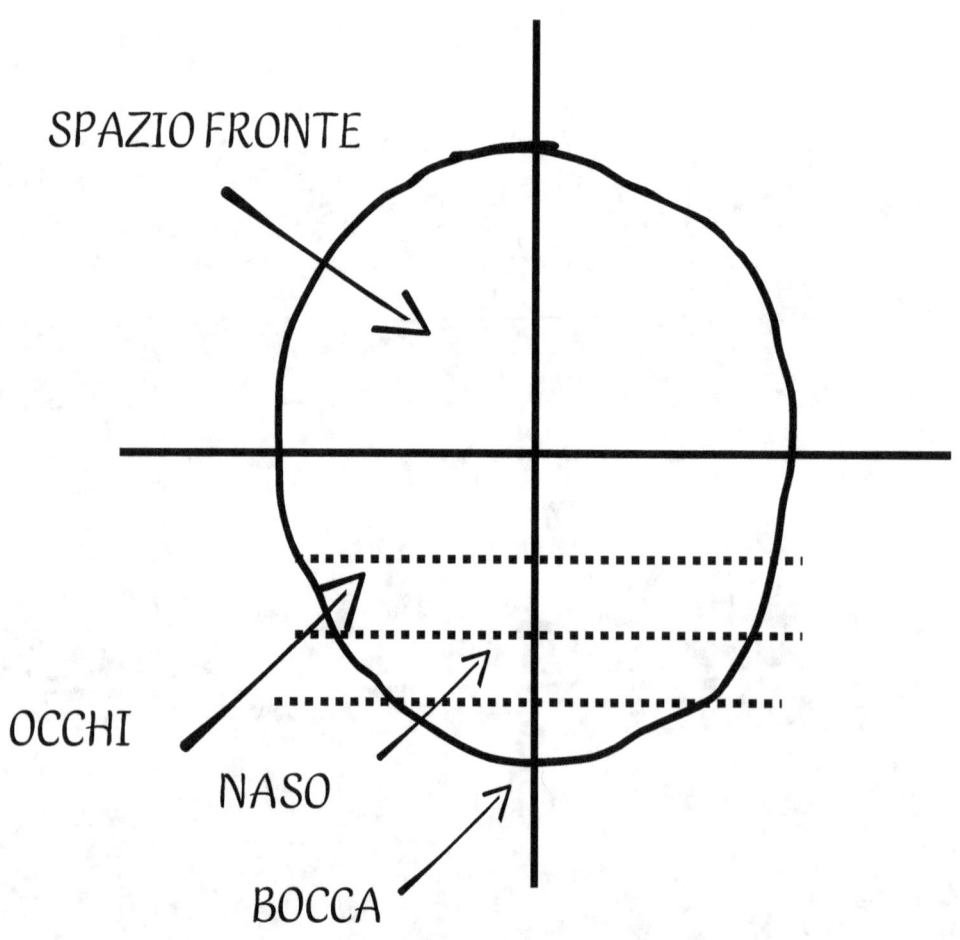

FAI QUI LE TUE PROVE

PROVE

VOLTO E CAPELLI

QUESTO VOLTO NON È DI FRONTE, QUINDI LE LINEE SONO INCLINATE. GUARDA L'IMMAGINE PER CAPIRE MEGLIO. LA PARTE SUPERIORE DELLA LINEA ORIZZONTALE (SEGUI LA FRECCIA) È LO SPAZIO DELLA FRONTE. ORA DISEGNA I CAPELLI IN QUELLO SPAZIO.

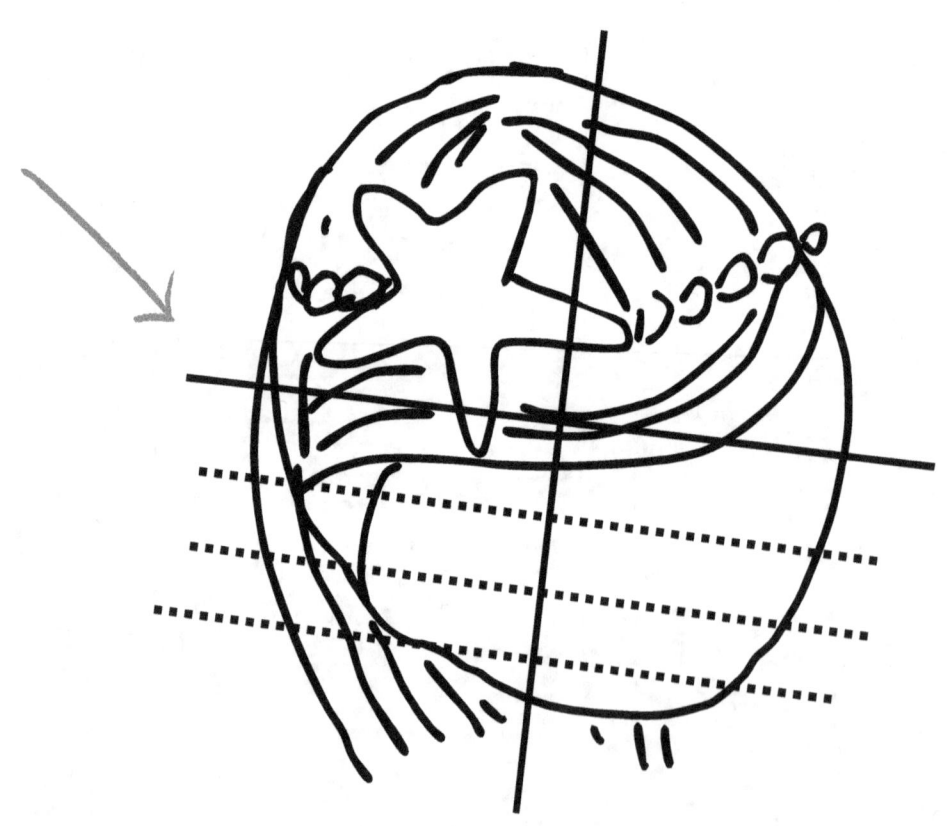

FAI QUI LE TUE PROVE

OCCHI, NASO, BOCCA

ADESSO PASSIAMO AGLI OCCHI, NASO E BOCCA. GLI OCCHI ANDRANNO DISEGNATI SOTTO LA LINEA ORIZZONTALE (VEDI FRECCIA), MENTRE IL NASO SARA' SOTTO GLI OCCHI E A META' DOVE PASSERA' LA LINEA VERTICALE DEL VISO (VEDI FRECCIA). E COSI' SARA' ANCHE PER LA BOCCA.

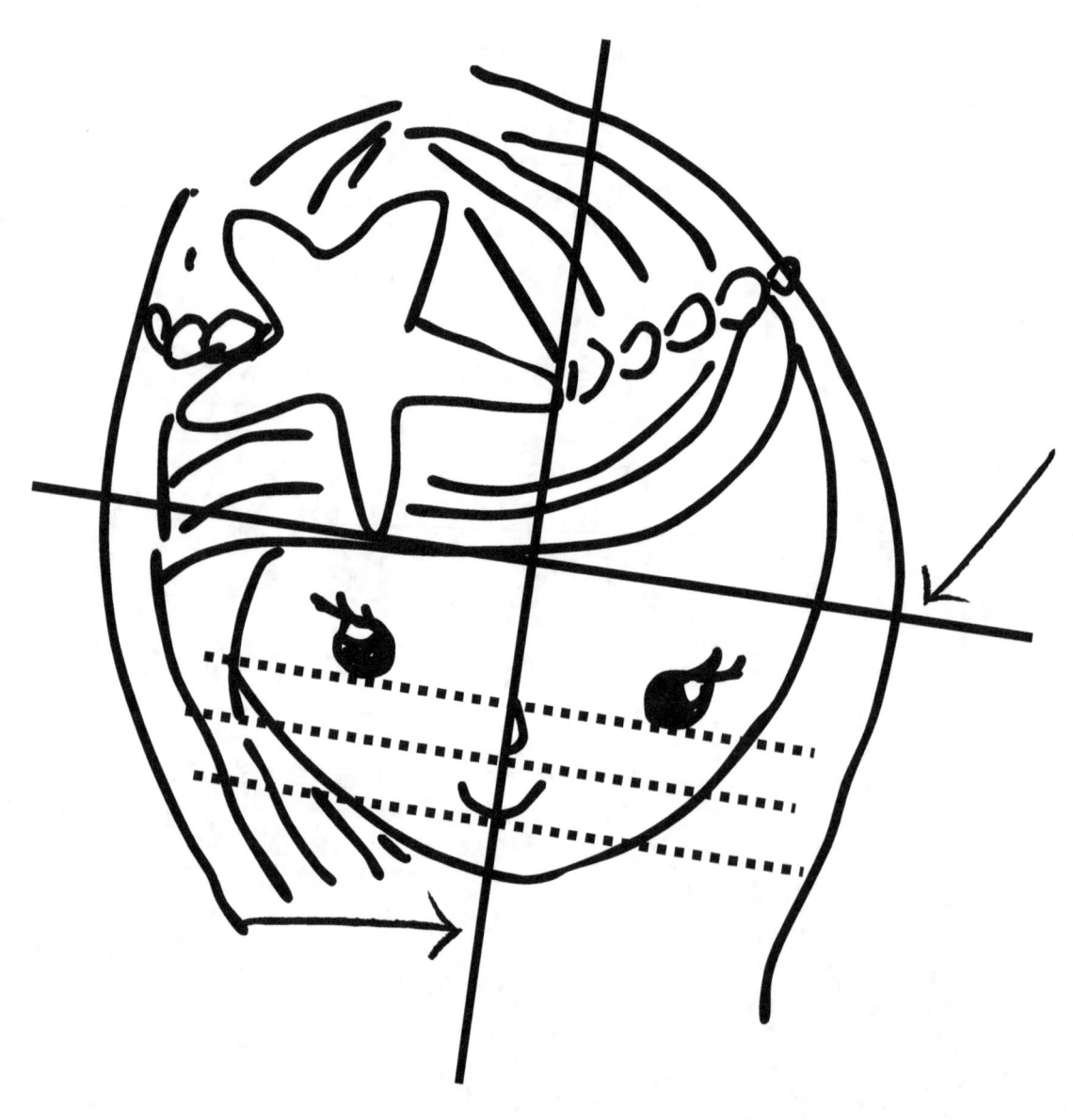

FAI QUI LE TUE PROVE

FAI QUI LE TUE PROVE

BRACCIA

PASSIAMO ALLE SPALLE E BRACCIA.
IL COLLO PASSA PROPRIO IN MEZZO ALLA LINEA VERTICALE (VEDI FRECCIA), DOVE TROVIAMO IL MENTO.
FAI COLLO E SPALLE E SEGUI PER LE BRACCIA.

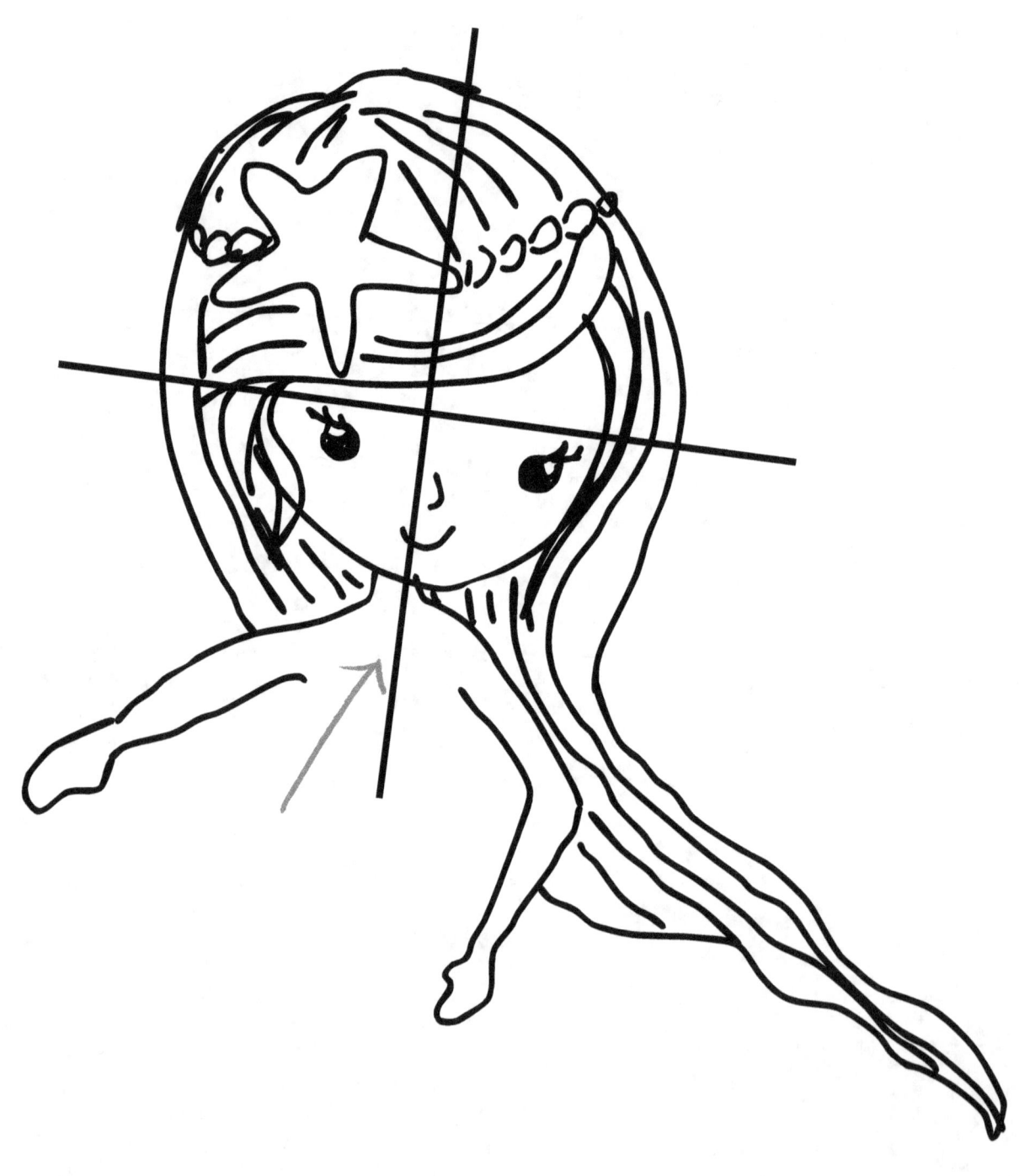

FAI QUI LE TUE PROVE

BUSTO

ORA CREIAMO IL TOP ED IL BUSTO. SPRIGIONA LA TUA CREATIVITA' E CREA IL TOP CHE PIU' TI PIACE, IO TI PORTO UN ESEMPIO. SEGUI POI LE LINEE PER FARE LA PANCIA E CHIUDILA CON 2 LINEE A "V".

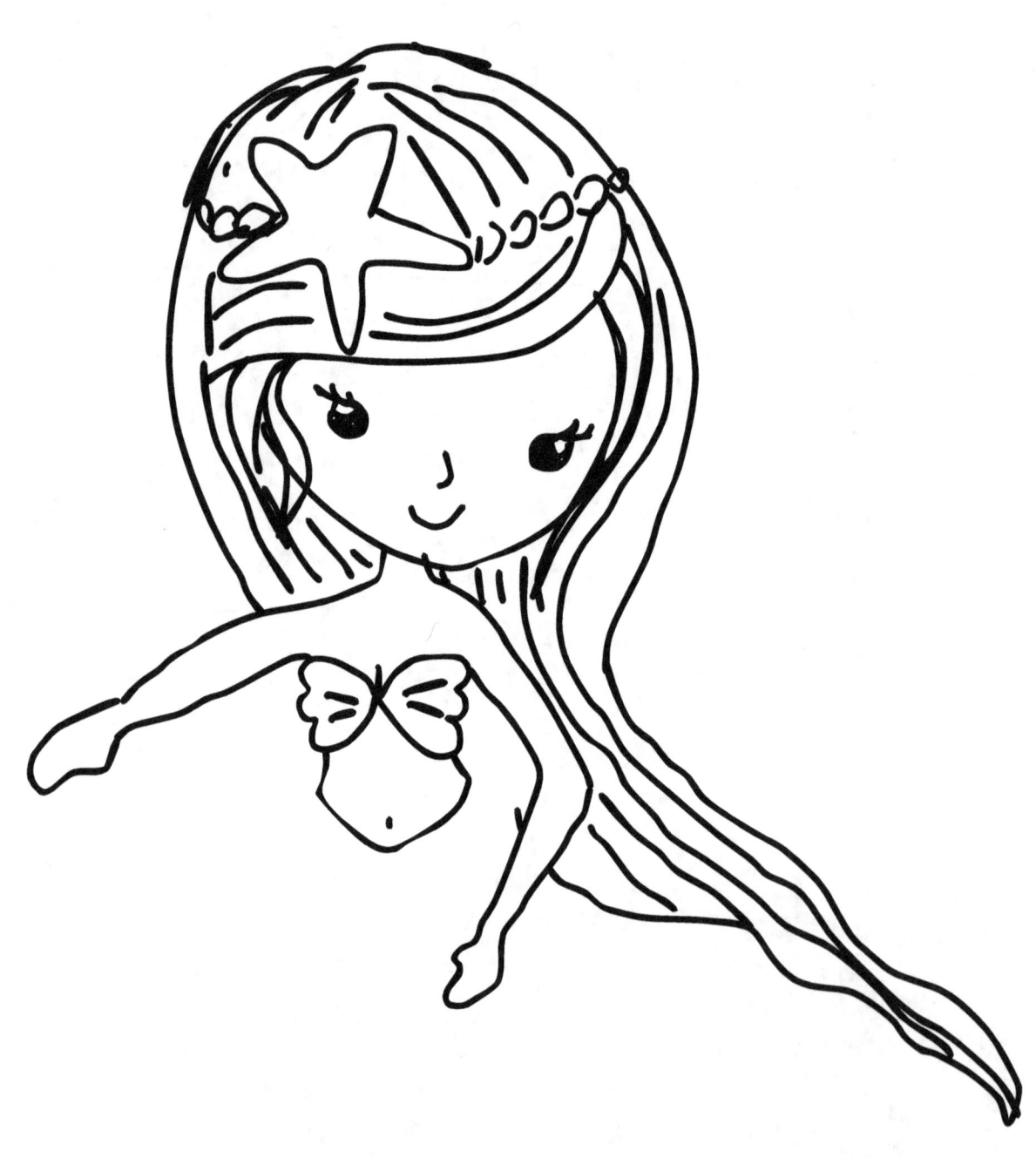

FAI QUI LE TUE PROVE

CODA

ADESSO LA CODA. COME FOSSE UN CONO, PARTI DALLE ESTREMITA' (DOVE CI SONO I FIANCHI) VEDI FRECCIA. TRACCIA UNA LINEA VERSO IL BASSO CHE VA PIANO PIANO VERSO IL CENTRO DEL CORPO (VEDI LINEA VERTICALE), FAI COSI' ANCHE CON L'ALTRA PARTE E LASCIA CHE LE LINEE SI INCONTRINO..

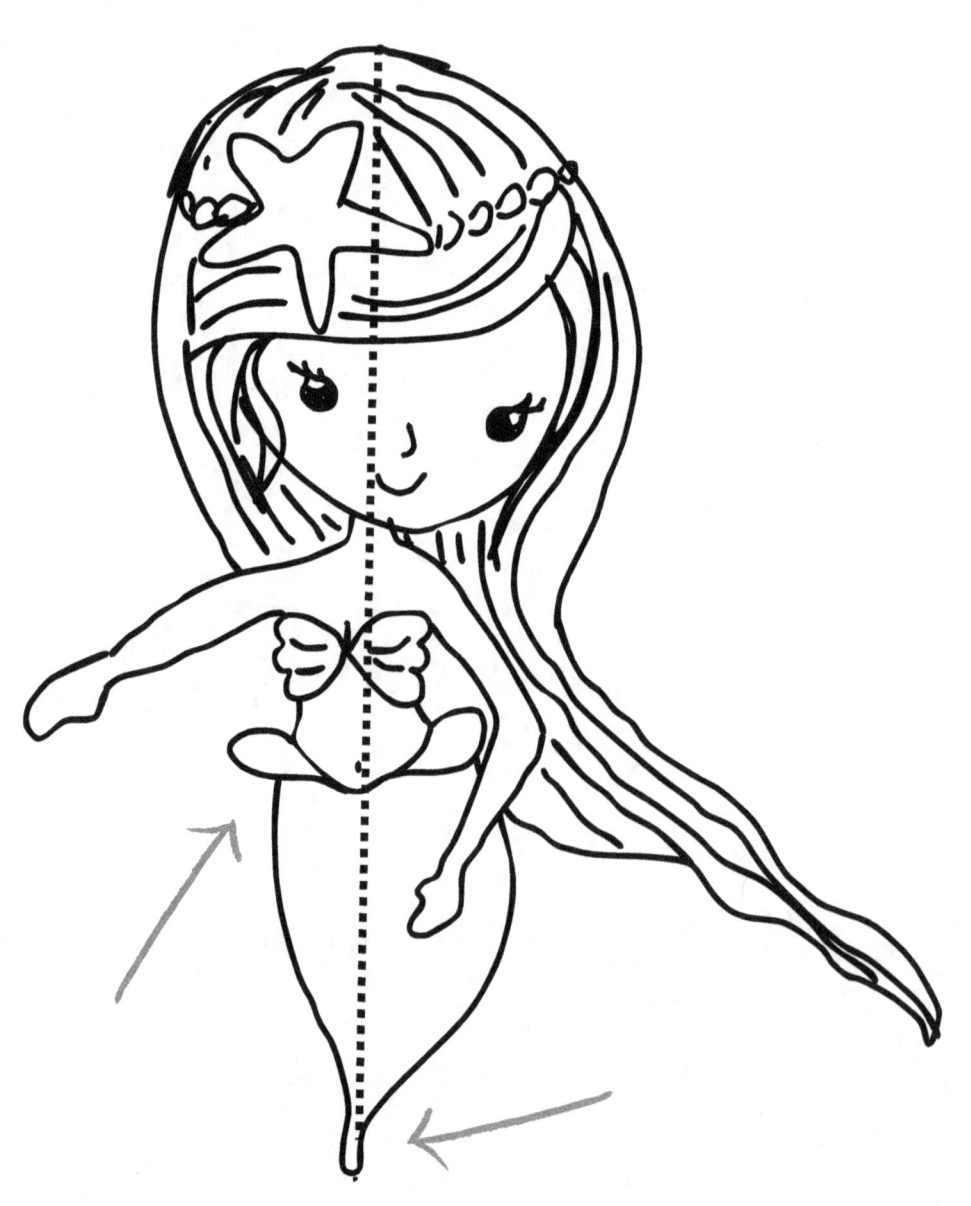

FAI QUI LE TUE PROVE

SQUAME CODA

PUOI DECORARE LA CODA CON TANTE SQUAME, CREALE COME TANTE ONDINE, O LETTERE AD "U" UNITE L'UN CON L'ALTRA.

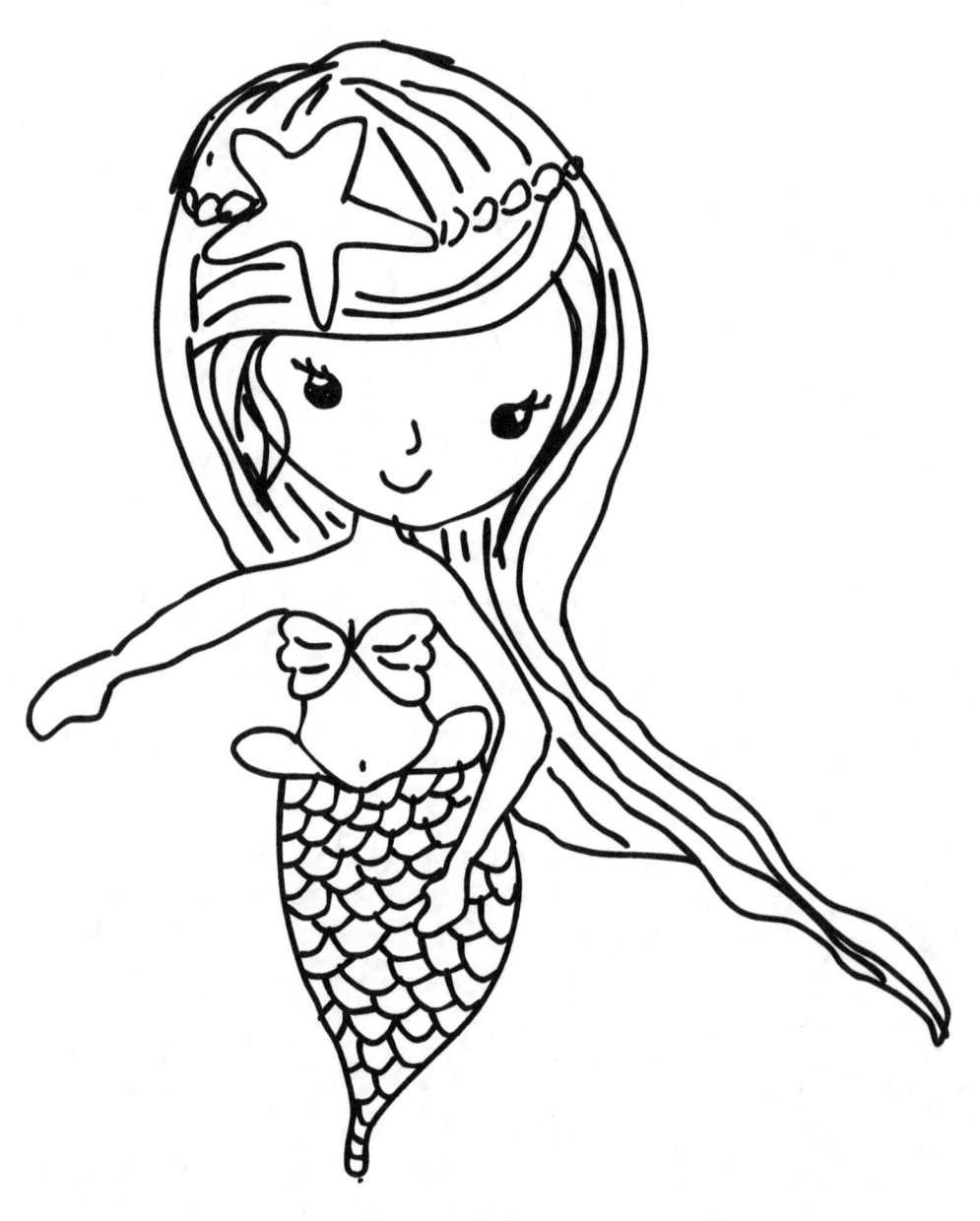

FAI QUI LE TUE PROVE

PINNE

ECCOCI AL FINALE. LE DUE PINNE DELLA CODA HANNO LA FORMA SIMILE A DELLE FOGLIE. LE PUNTE SARANNO RIVOLTE VERSO IL BASSO. TI CONSIGLIO DI PARTIRE DALLA FINE DELLA CODA PER TRACCIARE LE LINEE (VEDI FRECCIA).

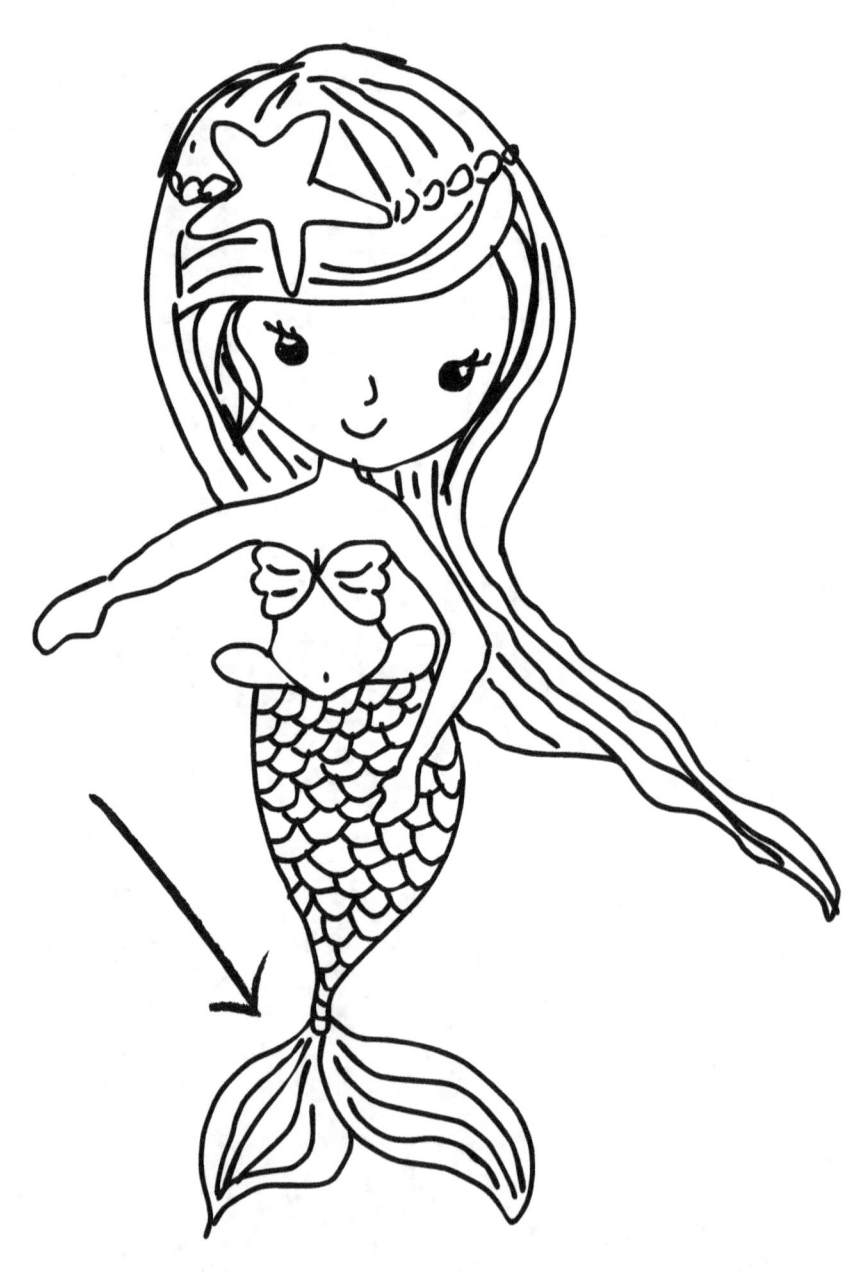

FAI QUI LE TUE PROVE

ALTRI ESEMPI DI OCCHI

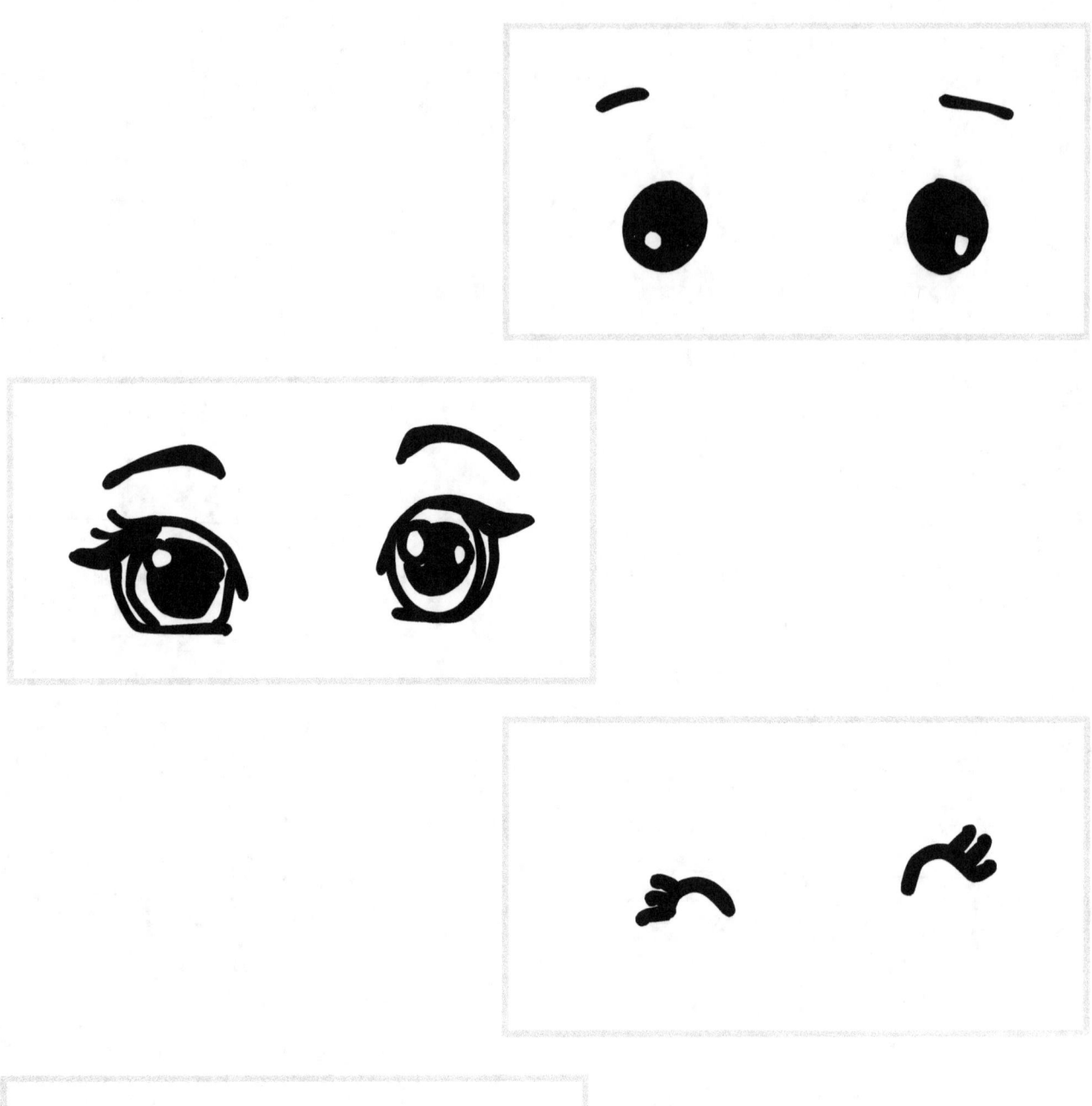

ALTRI ESEMPI DI TOP E CODA

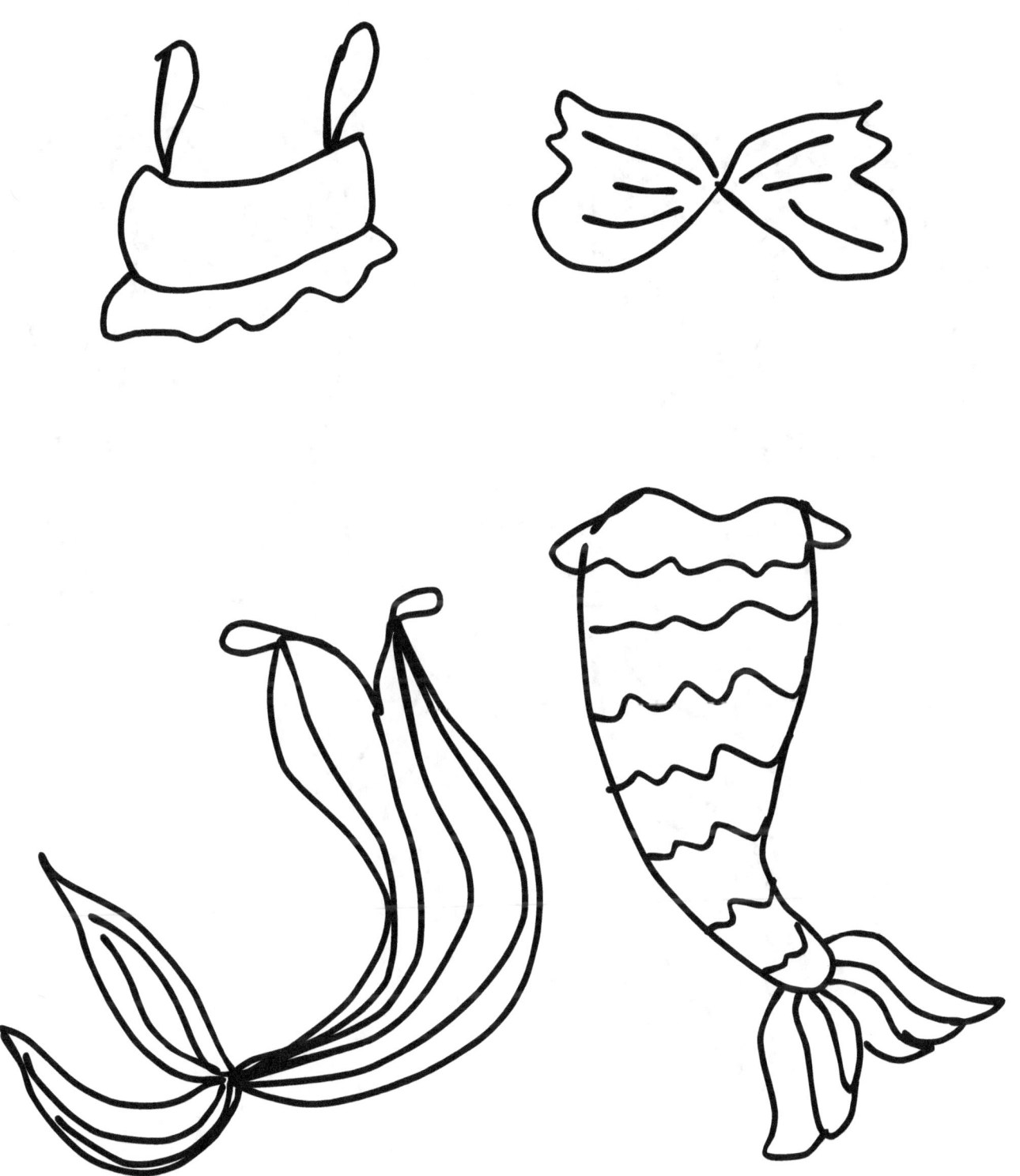

ALTRI ESEMPI DI ACCONCIATURA

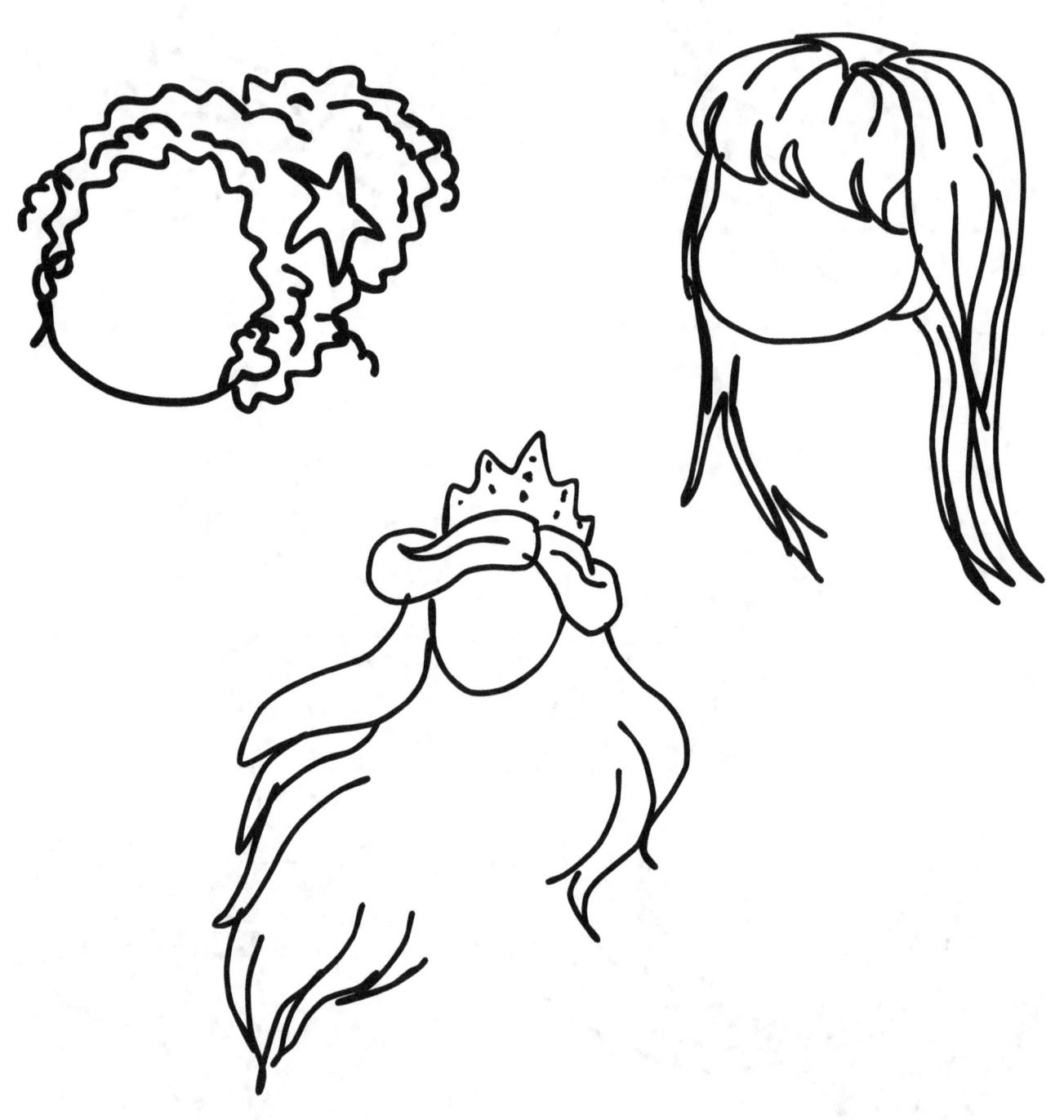

ALTRI ESEMPI DI BOCCA

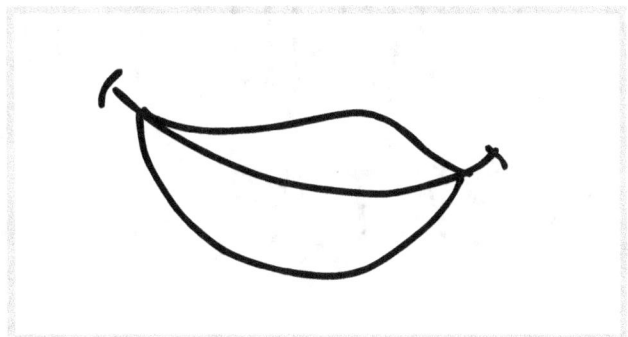

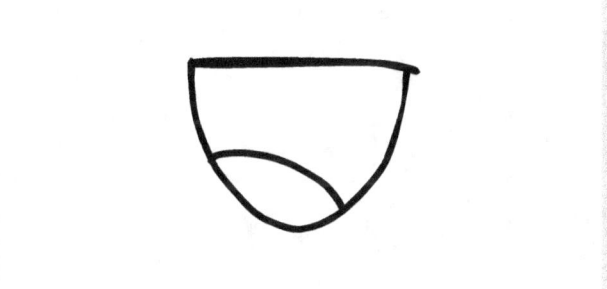

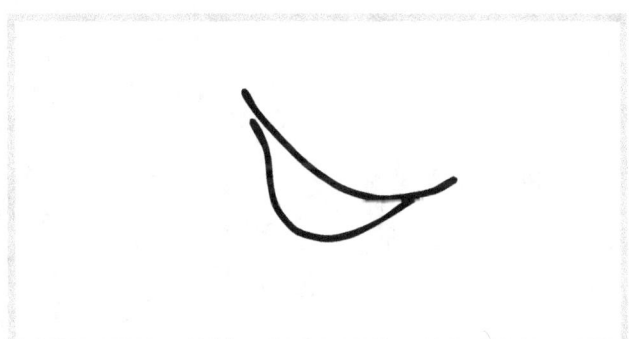

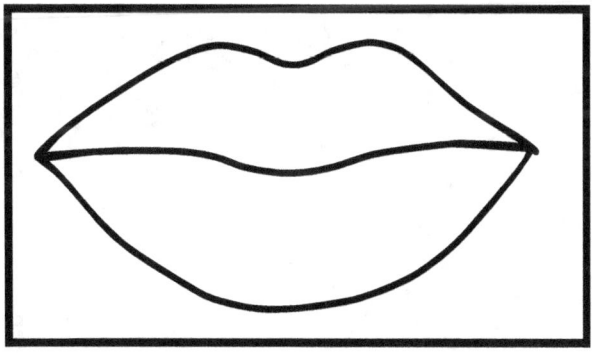

ORA NON TI RESTA CHE CREARE LA TUA SIRENETTA PERSONALIZZATA.

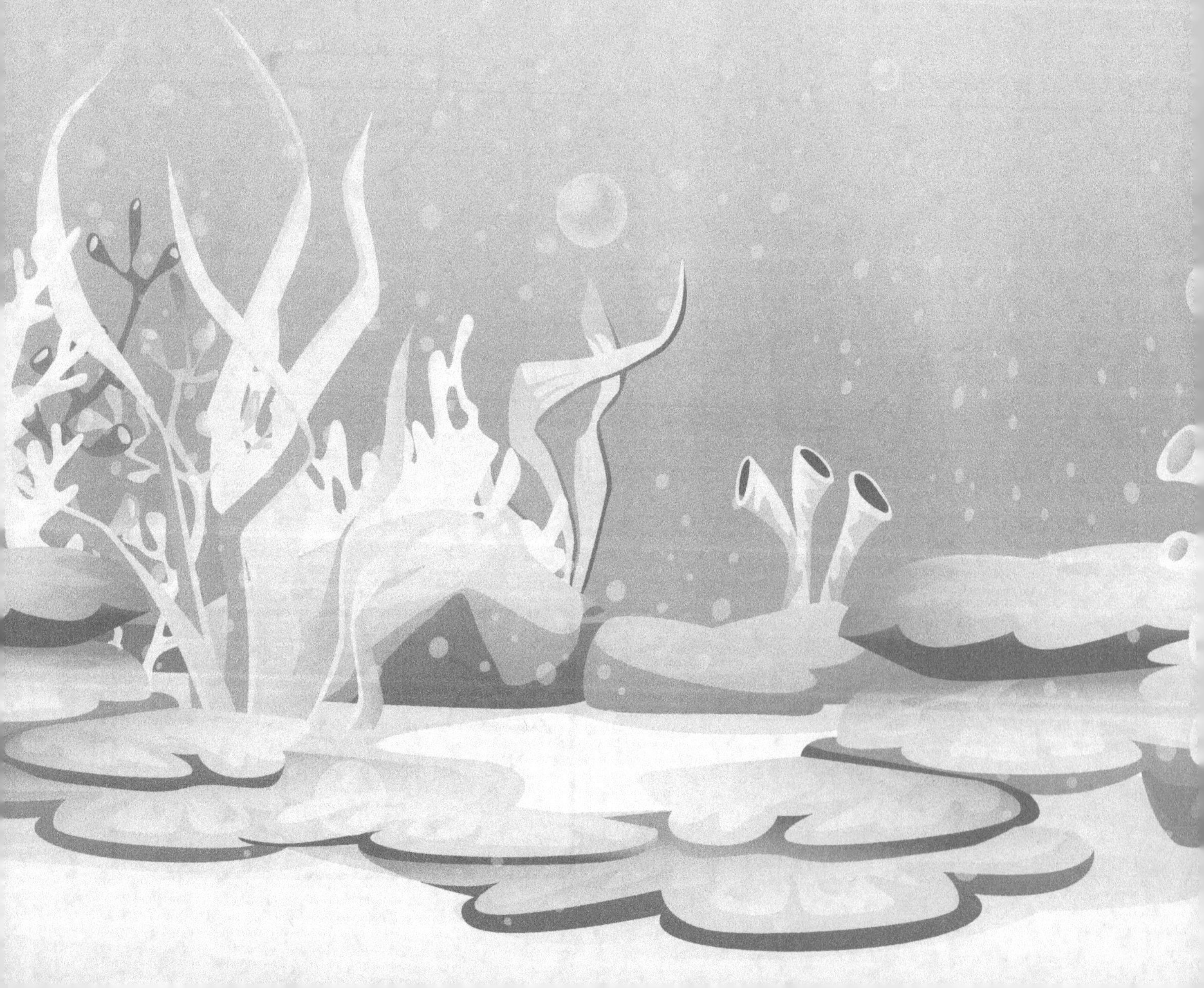

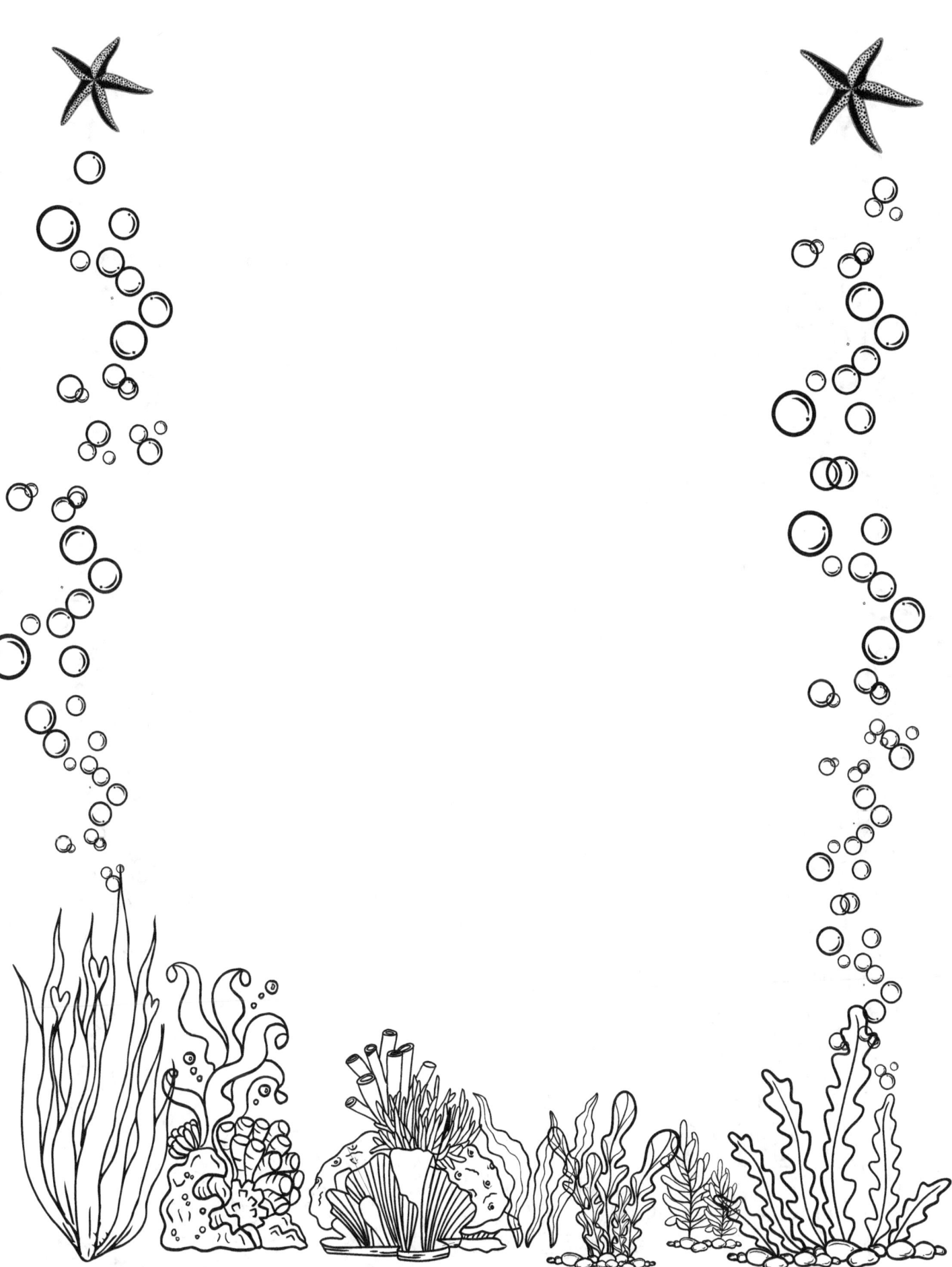

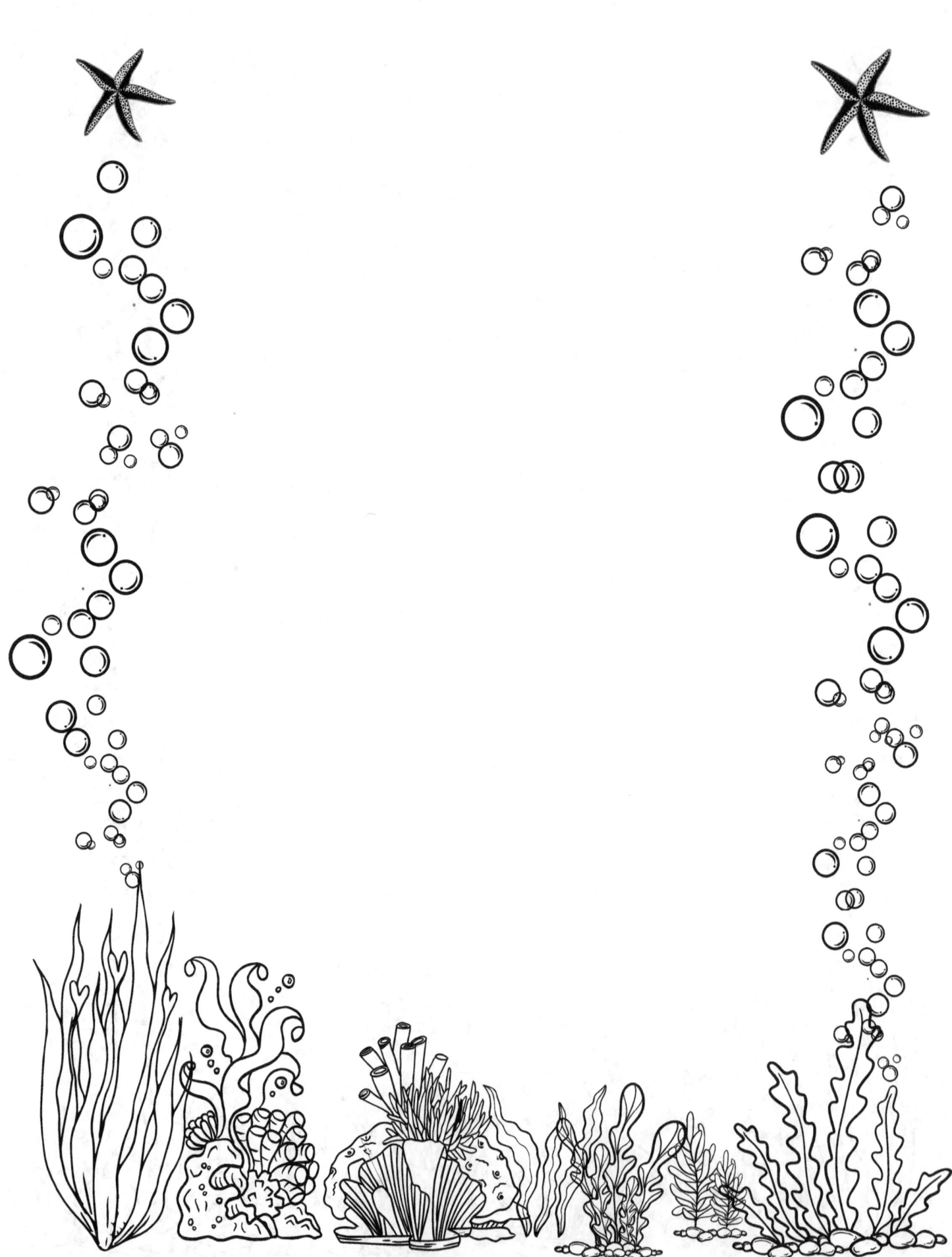

CIAO TI PRESENTO LE MIE AMICHE SIRENE.
OGNUNA DI LORO HA UN POTERE MAGICO.
DIVERTITI A COLORARLE E RENDI TUTTO ANCORA PIU' MAGICO!
BUON DIVERTIMENTO

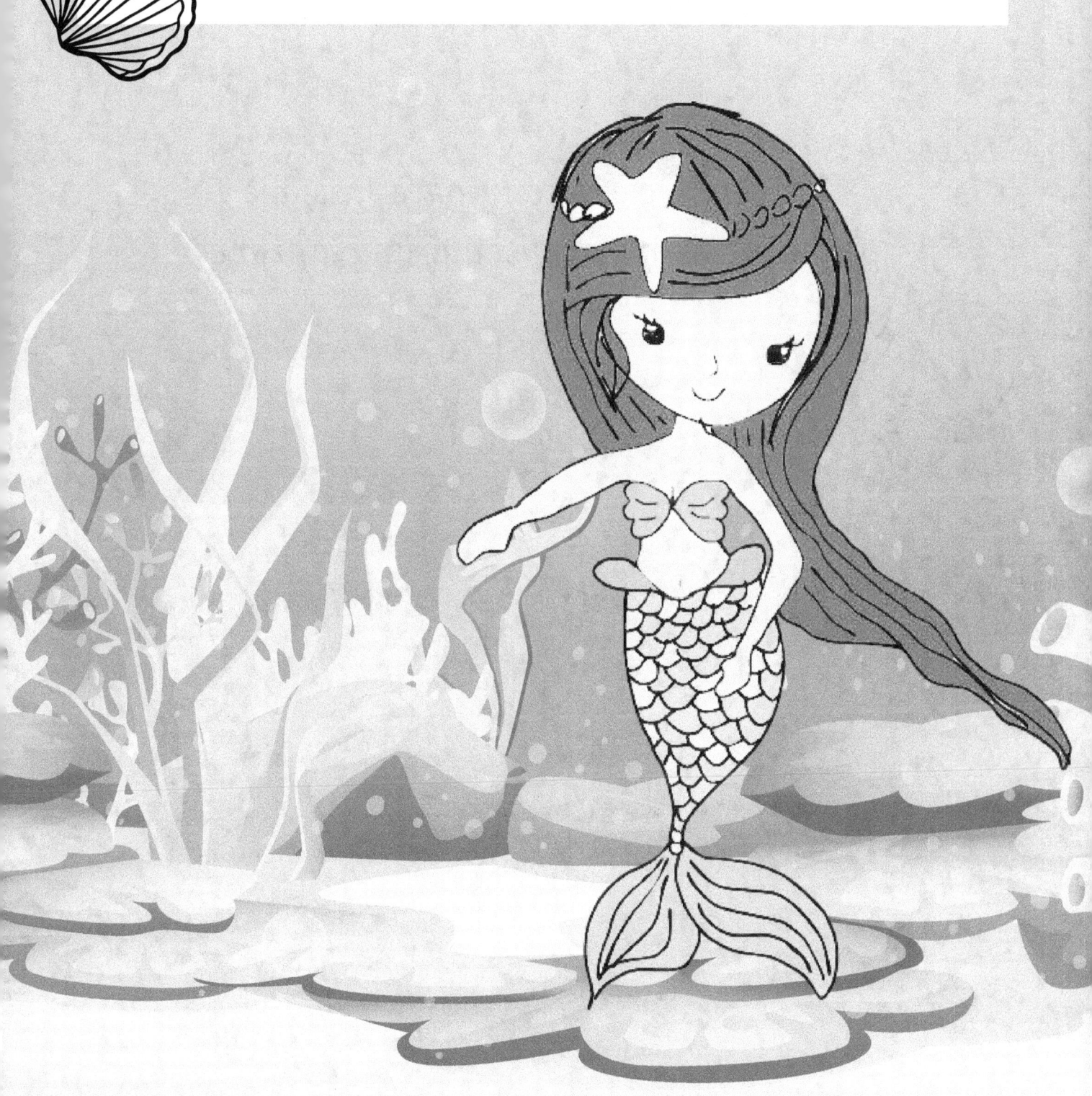

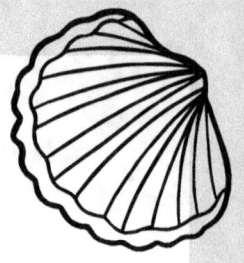

Ciao io mi chiamo

MELODINA

e sono la Principessa della musica.

""Colora, colora, con gioia e passione,
Con ogni pennello cantiamo una canzone!"

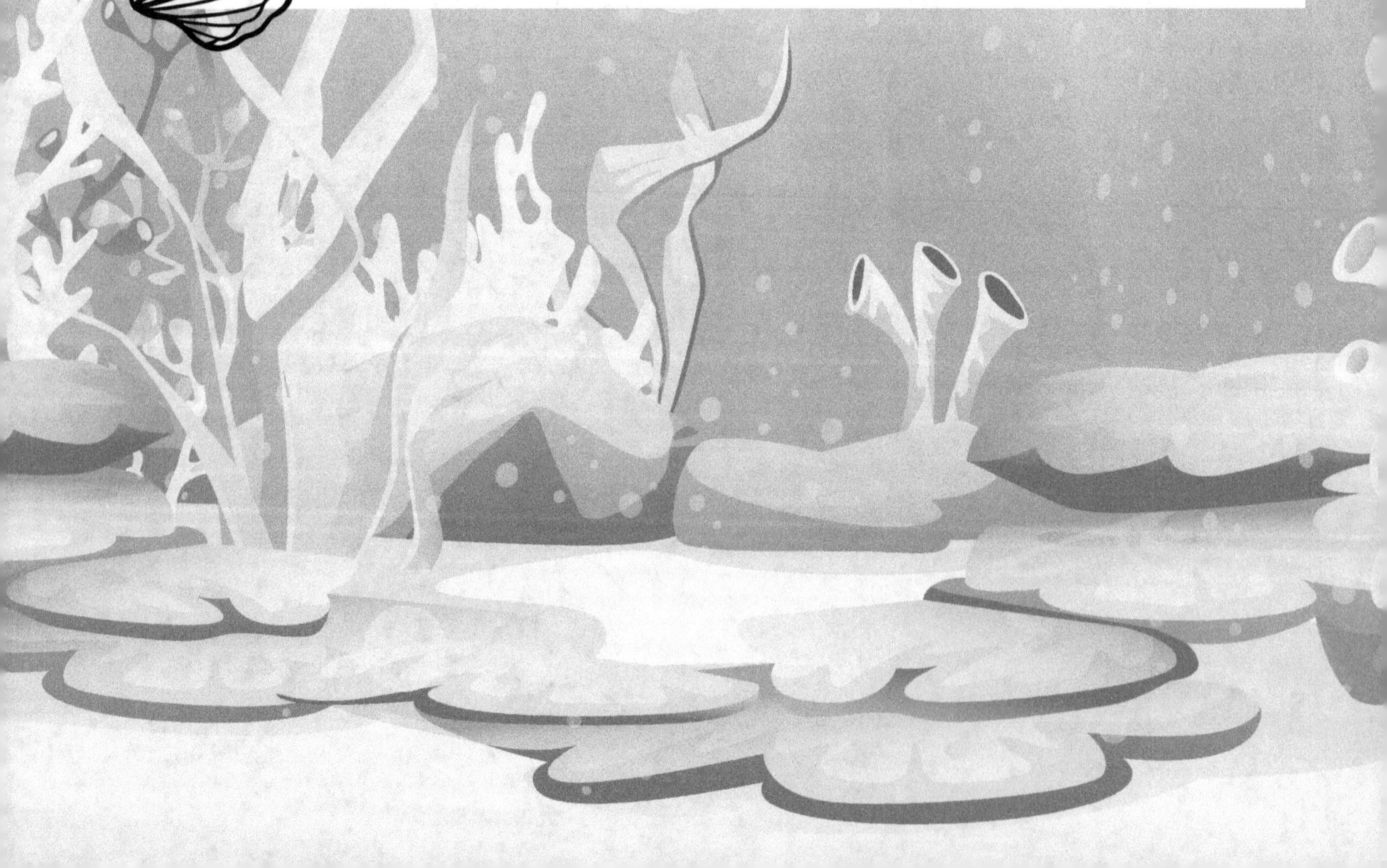

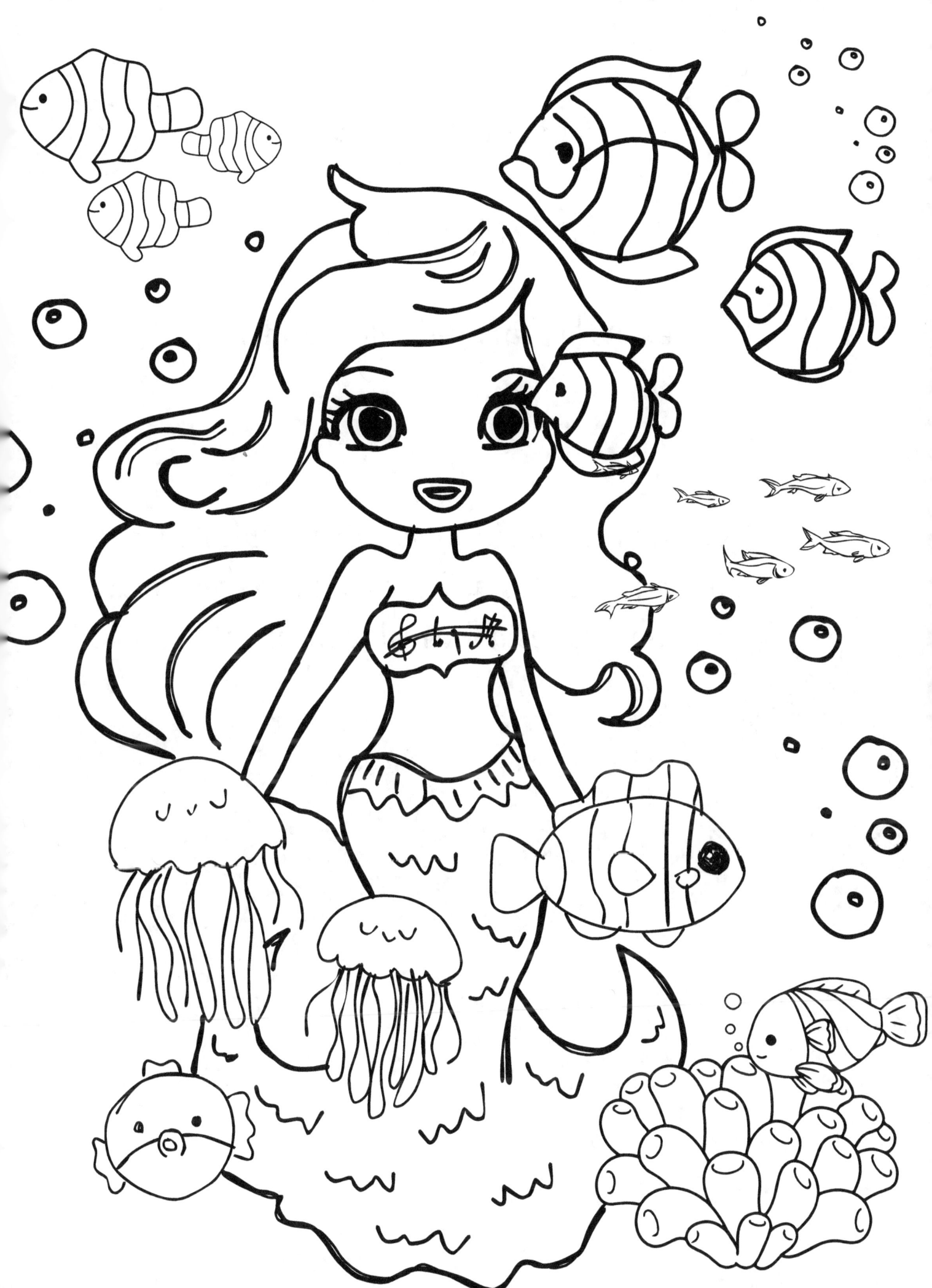

Ciao io mi chiamo

DESIRÈA

e sono la principessa dei Desideri.

"Colorami con gioia, avvererò i tuoi bisogni.
Con pennelli e fantasia, il mio mondo risplenderà,
E ogni tuo desiderio realtà diventerà."

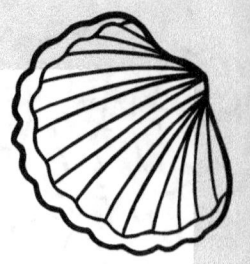

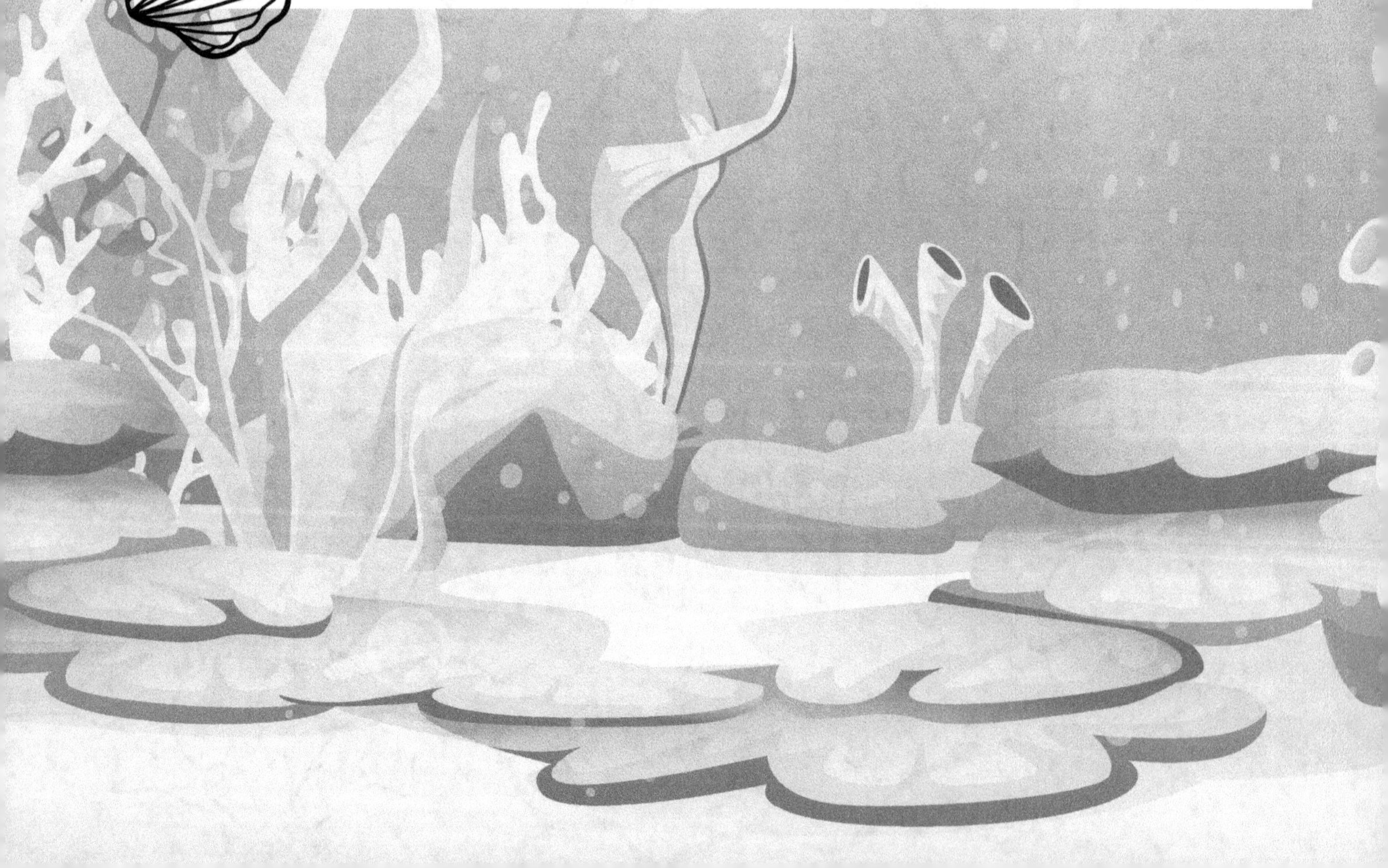

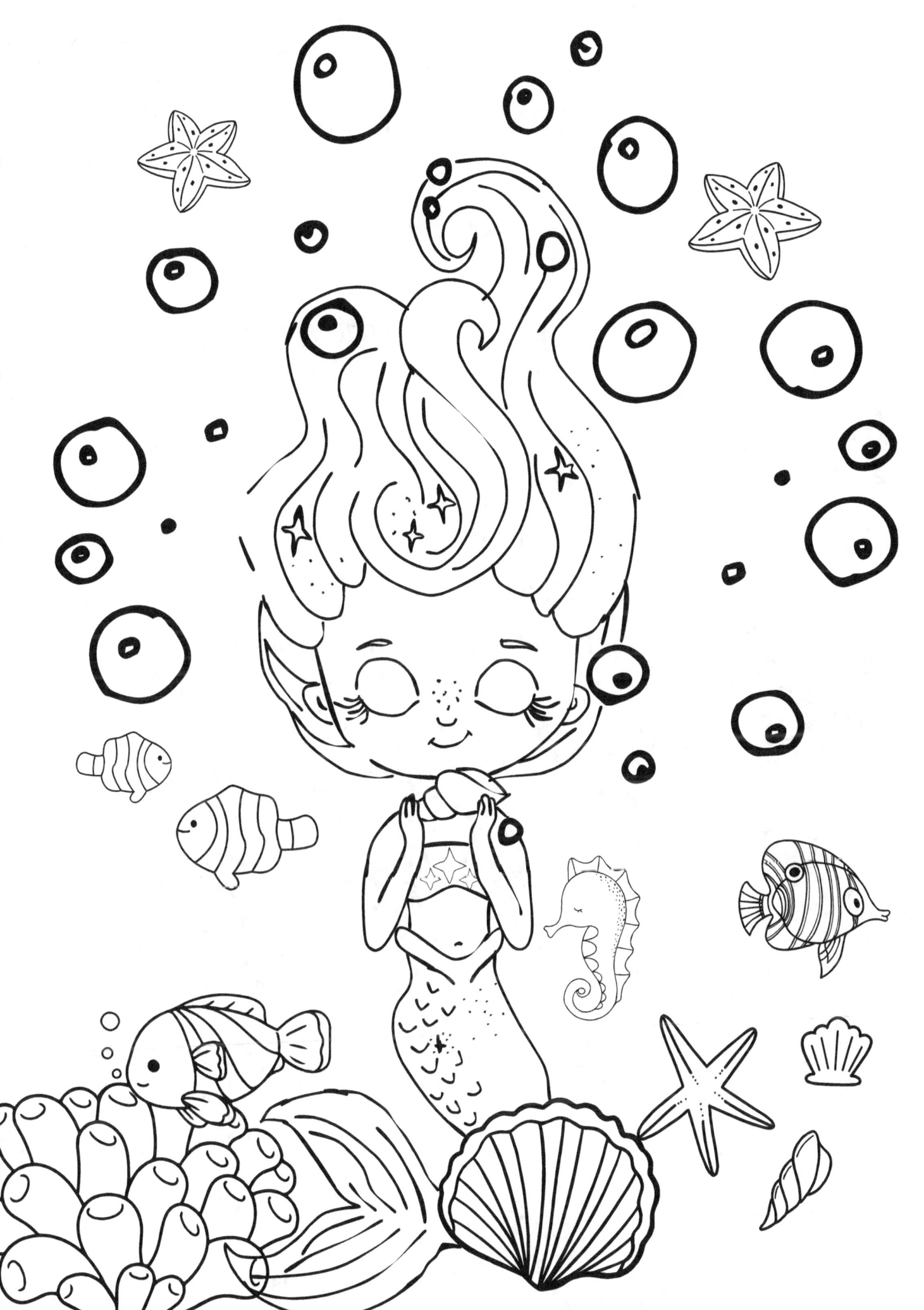

Ciao io mi chiamo

CUORE

e sono la principessa dell'Amore.

"Colora con gioia e
Con amore nel cuore,
crea il tuo mondo di un bel colore."

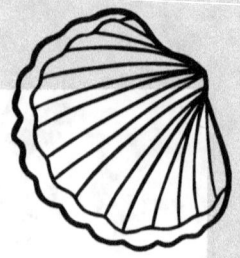

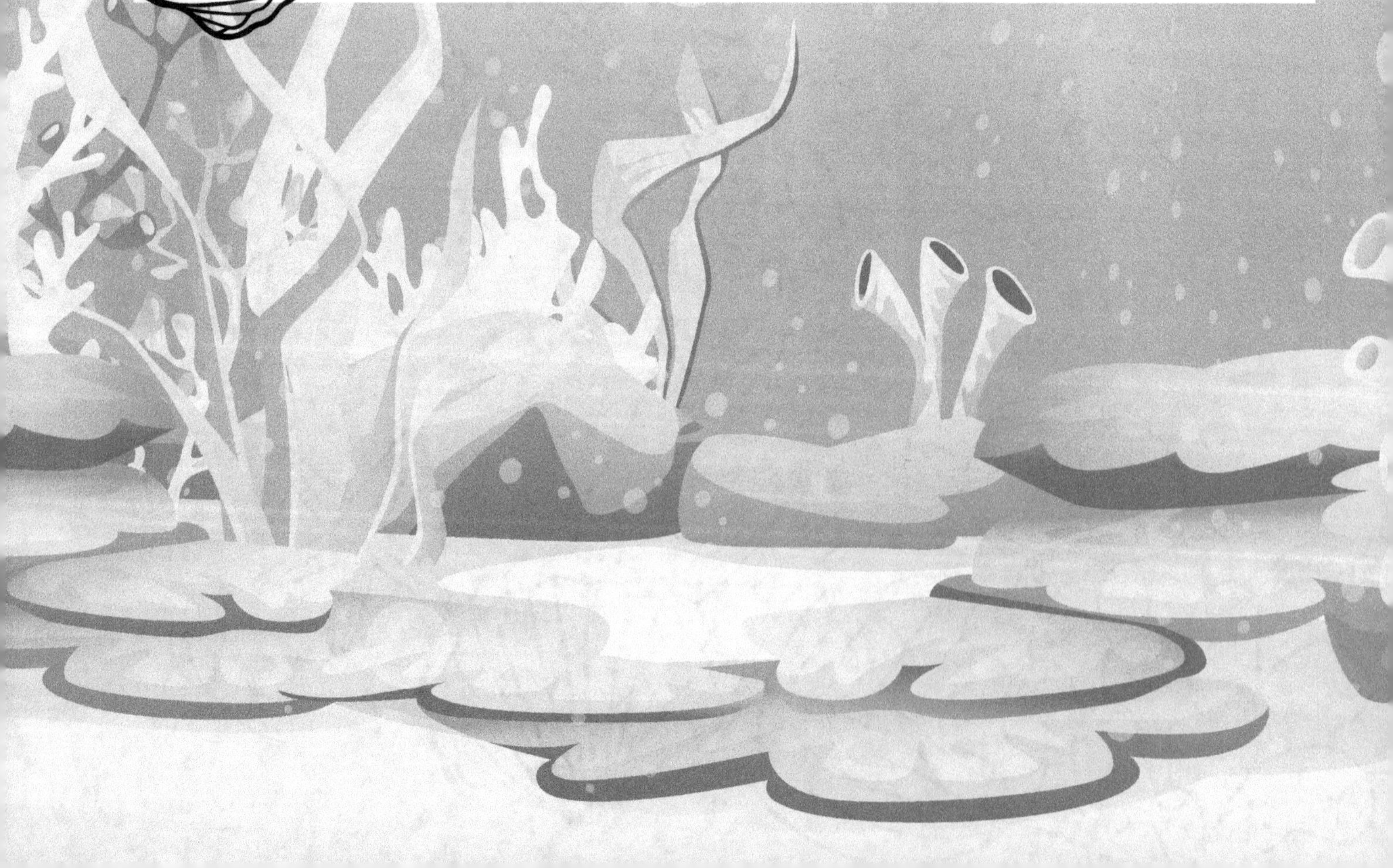

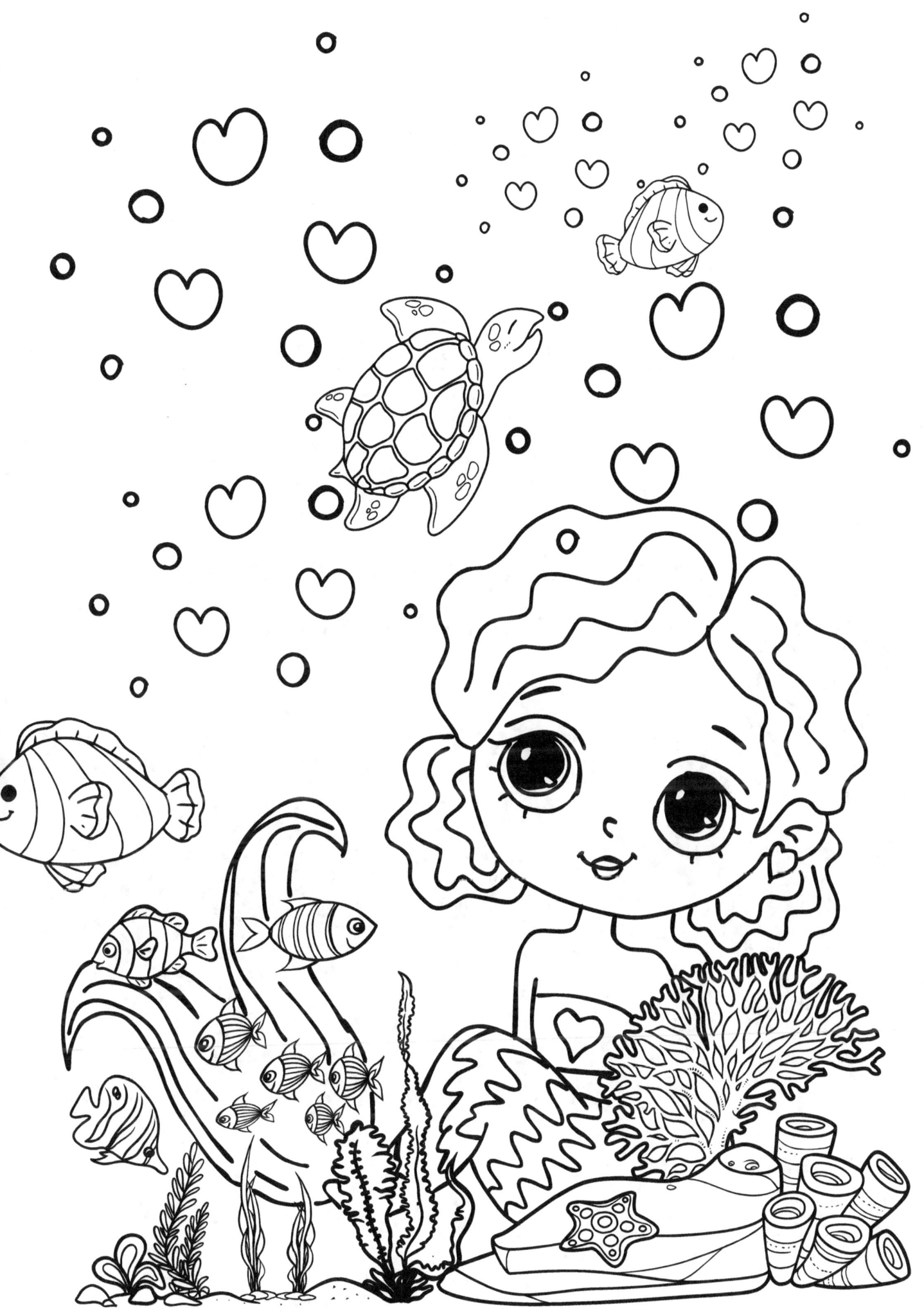

Ciao io mi chiamo

STELLA

e sono la principessa delle Notti Incantate.

"Un mondo di sogni, insieme creeremo,
Con colori vivaci, felici saremo!"

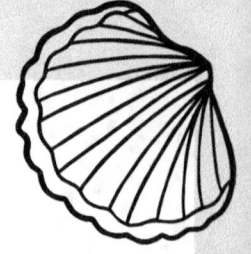

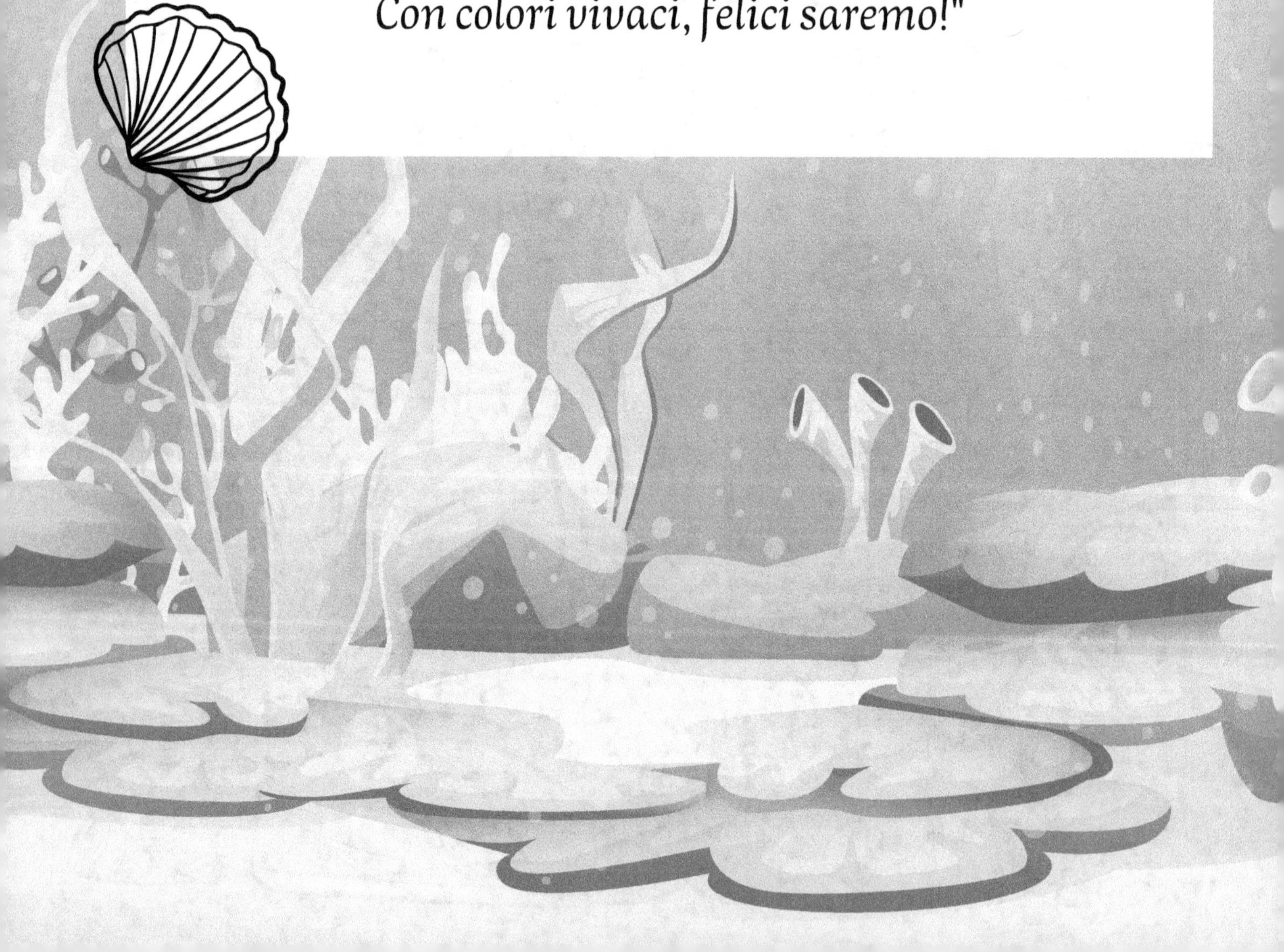

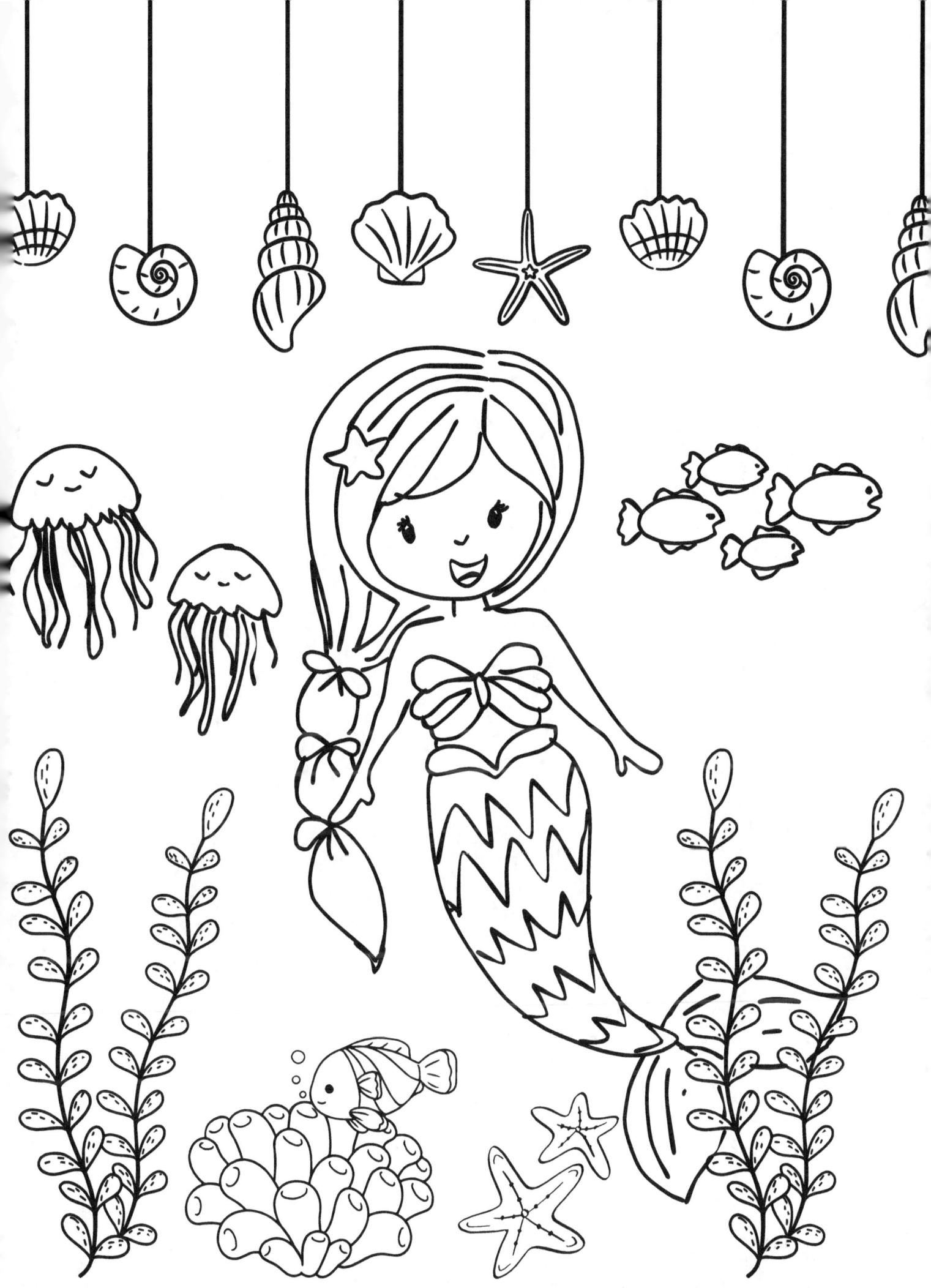

www.ingramcontent.com/pod-product-compliance
Lightning Source LLC
Chambersburg PA
CBHW082224220526
45470CB00010B/3293